Dieses Lesemaus-Buch gehört:

____

Die schönsten Lesemaus-Geschichten für starke Kinder

CARLSEN

INHALTSVERZEICHNIS

5

Mila findet eine neue Freundin

Eine Geschichte von Anna Wagenhoff
mit Bildern von Frau Annika

6

Die Baustellenfahrzeuge

Eine Geschichte von Christian Tielmann
mit Bildern von Niklas Böwer

7

Conni backt Pfannkuchen

Eine Geschichte von Liane Schneider
mit Bildern von Janina Görrissen

8

Ich hab eine Freundin, die ist Lehrerin

Eine Geschichte von Ralf Butschkow
mit Bildern von Ralf Butschkow

1

Wir können das!
Teilen und abwechseln

Mika, Laya, Toni und Amir gehen in den Kindergarten am Wacholderweg. Sie sind in der Eisbären-Gruppe. Und da ist immer was los.

Toni heißt eigentlich Antonia, aber sie hat zu wenig Geduld für so einen langen Namen. Toni sagt meistens direkt, was sie denkt. Und wenn es mal Streit gibt, kann sie ihre Meinung auch ziemlich laut sagen – manchmal explodiert Toni regelrecht. Das tut ihr hinterher leid und sie entschuldigt sich. Zum Glück kann man sich mit Toni rasch wieder vertragen. Schließlich ist der Tag zu kurz für schlechte Laune, findet Toni.

Amir kann super träumen. Sogar mitten in einem Spiel. Er malt gerne Bilder so voll Farbe, dass kein Fitzelchen mehr weiß bleibt. Aber am liebsten baut Amir Türme aus allem, was er und seine Freunde finden. „Quatschtürme" nennt er die. Und vor dem Aufräumen spielt er mit seinen Quatschtürmen gerne Abrissbagger. Denn manchmal muss es eben krachen, findet Amir.

Mika mag alles, was schnell ist: Autos, Raketen und sein Fahrrad. Außerdem singt er supergerne. Aber das Schönste auf der Welt ist für Mika: Fußball mit seinen Freunden zu spielen und extraschnelle Krickelkrakelbilder zu malen. Das Schlimmste sind für ihn: Tage, an denen der Kindergarten geschlossen ist.

Laya findet Fußballspielen genauso toll wie Mika. Sie stellt sich auch gerne vor, dass sie jemand anderes wäre. Eine Fußballweltmeisterin zum Beispiel. Oder eine Königin. Dann würde sie Erbsensuppe verbieten. Denn die kann Laya nicht ausstehen. Wenn es mal Ärger gibt, wartet sie einfach ab. Denn die meisten Probleme sind wie Erbsen-Pupse: Sie lösen sich von selbst in Luft auf, meint Laya. Aber das klappt leider nicht immer.

Heute Vormittag wird Toni im Kindergarten wütend.
„Amir, gib die Kiste her!" Toni braucht noch drei Kurven und eine Weiche, damit ihre Bahnstrecke fertig wird. Auch bei Mikas Hochgeschwindigkeitszugstrecke fehlen noch ein paar Schienen. Und Laya kommt nicht an die Waggons, die in der Kiste liegen. Aber Amir denkt gar nicht dran, die Kiste herauszurücken.
„Die Schienen brauche *ich*."

„Du baust doch gar keine Eisenbahn!“, schimpft Mika. „Also brauchst du auch keine Schienen.“

„Ich baue einen Quatschturm“, sagt Amir. „Und dafür brauche ich alle Schienen. Und alle Waggons. Sonst wäre es ja kein Quatsch.“

Hast du dich auch schon mal mit deinen Freunden um Spielzeug gestritten? Wie habt ihr das geregelt?

„Du brauchst alles und
wir kriegen nichts?“,
fragt Toni wütend.
„Ganz genau!“, sagt Amir.
„Kannst du dir vorstellen,
wie blöd wir das finden?“,
fragt Toni.
„Kannst du dir vorstellen,
wie ungerecht das ist?“,
fragt Mika.
„Kannst du dir vorstellen,
wie es wäre, wenn du
an unserer Stelle wärst?“,
fragt Laya.

Amir stellt es sich vor. Er stellt sich vor, wie es wäre, wenn er nicht an die Kiste käme. Dann hätte er keine Schienen mehr für seinen Quatschturm. Das wäre natürlich schlecht. „Das wäre natürlich schlecht", gibt Amir zu. „Aber wenn ihr alle Schienen kriegt, habe ich ja keine mehr. Könnt ihr euch vorstellen, wie blöd das für *mich* wäre?"

Laya und Toni haben eine Idee: „Wir können die Schienen aufteilen. Dann hat jeder ein paar. Und das ist für alle besser als nichts." Das findet auch Amir in Ordnung. Sie verteilen die Schienen ganz gerecht: Jeder bekommt zwei Weichen, zehn gerade Schienen und acht Kurven.

„Für mich sind Kurven und Weichen aber Mist“, sagt Mika. „Da fliegt der Hochgeschwindigkeitszug immer raus.“
Amir kann mit ihm tauschen. „In meinen Quatschturm passt jede Schiene.“
Denn Amir kann sich gut vorstellen, wie es Mikas Zug geht, wenn er durch lauter Kurven saust. „Dem wird sonst bestimmt ein bisschen übel.“

Nach der Frühstückspause gehen alle Kinder nach draußen. Mika und Laya spielen Fußball. Blitzschnell kicken sie den Ball hin und her.
„Kann ich mitmachen?“, fragt Toni.
„Wenn du an den Ball kommst!“, sagt Mika und schießt schnell zu Laya.

Die kickt den Ball schnell zurück zu Mika.
Toni wartet, ob sie den Ball auch mal kriegt.
Aber die beiden ärgern sie immer weiter.
Da wird Toni wütend. Sehr wütend!

Sie schnappt sich den Ball und
tritt Mika vors Schienbein.
„Autsch!“, schreit Mika.
Aber das ist Toni ganz egal.
Sie hält den Ball fest und
gibt ihn nicht mehr her.

„Kannst du dir vorstellen, wie weh das tut?“, schimpft Mika.
„Kannst *du* dir vorstellen, wie blöd das ist, wenn ich nicht mitmachen kann?“, schimpft Toni zurück.
Aber wenn sie ganz ehrlich ist, weiß sie natürlich, dass es gemein von ihr war, ihren Freunden den Ball wegzunehmen.
Und das Treten war überhaupt nicht in Ordnung.

Aber Mika und Laya sehen auch nicht sehr glücklich aus. Sie wissen, dass sie auch fies zu Toni waren.

Toni holt tief Luft und sagt: „Entschuldigung, Mika. Tut mir leid, dass ich dich getreten habe."
„Angenommen!", sagt Mika. „Und mir tut es leid, dass wir dich geärgert haben."
„Mir auch", sagt Laya. „Und was ist jetzt mit dem Ball?"
„Sollen wir ihn teilen wie die Schienen?"
Mika will schon eine Schere holen, um den Ball zu zerschneiden.
„Quatsch!", sagt Laya. „Dann ist ja der Ball kaputt."

„Wir können doch alle zusammen kicken“, schlägt Amir plötzlich vor.
„Gute Idee“, sagt Toni. Sie legt den Ball in die Mitte und kickt ihn rüber zu Mika. Mika schießt zu Laya. Laya schießt zu Amir. Und Amir schießt ins Tor!
„Tooooooor!“, jubeln alle vier.

Am Nachmittag saust Mika mit dem coolsten Dreirad des Kindergartens über den Hof. Aber Toni, Laya und Amir wollen auch mal fahren.

„Schwierig, schwierig“, sagt Mika. Denn teilen kann man so ein Dreirad ja nicht. Dann müssten sie es zersägen und es wäre kaputt.
Und zusammen können die vier Freunde auch nicht darauf fahren. Sonst gäbe es einen Unfall und Mika, Laya, Toni und Amir wären kaputt.

„So schwierig ist das gar nicht“, sagt Laya.
„Wir müssen eben abwechseln.“
„Aber ich darf zuerst!“, sagt Mika.
„Die Jüngste darf zuerst“, sagt Laya. Und die Jüngste von den vier Freunden ist Toni.
Mika steigt vom Sitz. „Aber nur eine Runde! Dann bin ich dran. Schließlich bin ich jünger als Laya und Amir!“
„Na logisch“, sagt Toni. Sie fährt eine Runde.
Dann ist Mika dran.

Wie würdest
du die Reihenfolge
festlegen?

Amir und Laya ist bei der Warterei ein bisschen langweilig geworden. Darum hat Laya einen großen Karton geholt. Sie dreht ihn herum und setzt sich rein.

„Bist du sauer?“, fragt Toni.

„Oder bist du ein Quatschturm?“, fragt Amir.

„Selber Quatsch! Das ist mein Wartehäuschen“, sagt Laya. „Wie beim Bus.“

„Super Idee!“, ruft Toni. Sie holt Farben und malt auf den Karton ein Haltestellen-Schild. Plötzlich kommen noch mehr Kinder und wollen das Häuschen bemalen.

„Nein, nein, nein!“, sagt Laya. „Das ist *meine* Haltestelle!“

„Die Kartons und Farben sind aber für *alle* Kinder da“, sagt Toni.

„Aber *ich* hatte die Idee!“, sagt Laya.
„Ihr könnt mir doch nicht meine
Idee wegnehmen.“
Da hat sie auch wieder recht.
Zum Glück fällt Mika eine Lösung ein.
„Vielleicht dürfen ja alle mitmalen,
wenn Laya die Farbe aussucht.
Das wäre doch okay, oder, Laya?“
Mit diesem Kompromiss sind alle
einverstanden.
„Nehmen wir Rot?“, fragt Toni sofort.
Denn Rot ist ihre Lieblingsfarbe.
„Oder Blau?“, fragt Amir. Denn Blau
ist seine Lieblingsfarbe.
„Oder Lila?“, fragt Mika. Denn Rot und
Blau ergeben zusammengemischt Lila.
Und das ist zufällig Mikas Lieblingsfarbe.
Plötzlich rufen alle Kinder ihre
Lieblingsfarben und wollen, dass Laya
sie auswählt.

Aber Laya hat sich längst entschieden.
Denn ihre Lieblingsfarbe heißt:

KNALLBUNT!

2

Ein Tag bei den Wildpferden

Vor einer Woche sind im Wald Wildpferde aufgetaucht. Eines von ihnen heißt Joschi. Joschi ist noch ein sehr junger Hengst.

Heute will er zum ersten Mal allein losziehen
und die Umgebung erkunden. Fröhlich trabt er zum
Waldrand. In der Ferne sieht er einen Bauernhof.
Nichts wie hin!

Übermütig springt Joschi über einen kleinen Zaun auf eine Blumenwiese. Er rupft an einem Büschel Gänseblümchen. Lecker! Ob die gelbe Blume auch so saftig schmeckt?

Eine Hummel, die in der Butterblume Rast macht, brummt empört davon, als Joschi an der Blume knabbern will. Hinten am Zaun entdeckt Joschi ein Shetty. Es wiehert vergnügt.

Joschi trabt durch das breite Tor auf den Hof.
Der Hahn auf dem Misthaufen kräht laut.
Zwei schneeweiße Hühner picken gelassen Korn.
Hier ist alles ganz anders, als er es im Wald kennt!
Plötzlich schießt eine Laufente aus dem Gemüsegarten auf ihn zu. Sie hat frischen Salat stibitzt.
Hoppla! Joschi stoppt und schnaubt sie erschrocken an. Die Laufente verzieht sich schnatternd.

Ein Stück weiter sieht Joschi zwei Ferkel. Sie suhlen sich in einer Pfütze. Na, so was, wundert sich Joschi. Die werden ja gar nicht sauber, sondern immer schmutziger. Aber die Ferkel quieken vor Vergnügen.

Joschi stellt die Ohren auf. Aus den Ställen kommt Wiehern. Die Stalltür ist weit offen, neugierig macht Joschi einen Schritt über die Schwelle. Er blinzelt erschrocken. Die Pferde im Stall stehen Seite an Seite in Boxen. Das frische Heu duftet. Ein Schimmel nickt ihm zu, als wolle er sagen: „Komm zu uns. Hier hast du immer ausreichend Futter.“

Entsetzt schüttelt Joschi seine Mähne. Das ist nichts für ihn. Schnell fort von hier! Eilig trabt Joschi vom Hof. Das Shetty guckt neugierig und folgt ihm durch das offene Gatter.

„Warte doch!“, scheint das Shetty zu wiehern, aber Joschi galoppiert mit langen Schritten davon. Puh, wie schnell das Wildpferd laufen kann. Das Shetty hat Mühe, ihm zu folgen.

Endlich macht Joschi Rast. Er pflückt sich einen saftigen Wildapfel. Das Shetty galoppiert heran. Es hat auch Durst. Aber es ist zu klein, um an die Äpfel zu gelangen. Joschi hat das beobachtet, er holt einen Apfel vom Baum und legt ihn dem Shetty hin. Köstlich! Das Shetty schmatzt begeistert.

Joschi trabt wieder los und das Shetty galoppiert hinterher.
Am Wegesrand wachsen duftende Kräuter und das Shetty probiert
vorsichtig einige davon. Ungewohnt, aber gar nicht so schlecht!
Dann sieht es wieder nach Joschi.
Es ist ganz schön schwer, das Wildpferd
nicht aus den Augen zu verlieren.

Auf einmal endet der Wald und sie erreichen eine Lichtung.
Dort ruhen sich die Wildpferde in der warmen Sonne aus.
Das Shetty staunt bei diesem Anblick.
So eine große Herde hat es noch nie gesehen!
Das Fell der Wildpferde glitzert hell im Sonnenlicht.
Ist das schön!

Ein sehr kleines Fohlen trinkt Milch. Seine Mutter blubbert beruhigend. Zwei junge Wildpferde spielen ausgelassen Fangen. Immer wieder stupsen sie sich gegenseitig und reiben ihre Köpfe aneinander. Wie Schmusen sieht das aus.

Joschi schubbert sein Fell an einer Baumrinde. Das scheint ihm großen Spaß zu machen. Das Shetty probiert es an dem Baum nebenan. Das fühlt sich fast so an, als ob es gestriegelt wird. Es schnaubt gut gelaunt. Joschi dreht seinen Kopf und stößt ein tiefes Grummeln aus. Er beginnt, an der Mähne des Shettys zu knabbern. Das Shetty schließt die Augen und genießt.

Plötzlich bricht ein Wildschwein durch das Gebüsch. Im Schlepptau hat es fünf Frischlinge. Vor Schreck wiehert das Shetty laut und wirft ängstlich seinen Kopf hin und her. Die Bache walzt direkt auf das Shetty zu.

Joschi stupst das Shetty energisch, damit es aus dem Weg geht. Die Bache grunzt wütend und die Frischlinge quieken in den höchsten Tönen.
Endlich kommt Bewegung in das Shetty. Eilig läuft es Joschi hinterher. Und auch die anderen Wildpferde richten sich nun auf und galoppieren durch den Wald zu einer nahe gelegenen Wiese.

Joschi führt das aufgeregte Shetty zu einem kleinen See. Dort trinken die beiden durstig. Joschi macht ein paar Schritte vorwärts und lässt sich ins Wasser platschen. Er wiehert auffordernd.

Das Shetty zögert. Es hat noch nie so viel Wasser auf einmal gesehen. Aber so ein erfrischendes Bad wäre schon toll. Mutig tastet es sich vorwärts und paddelt mit ungelenken Bewegungen hinterher. Elegant rudert Joschi mit seinen Beinen in die Mitte des Sees. Er wiehert ausgelassen und das Shetty wiehert stolz mit.

Nach ihrem ausgiebigen Bad sind beide Pferde hungrig. Joschi zeigt dem Shetty, wo die leckersten Kräuter stehen. Die beiden stärken sich an den Pflanzen und lassen ihr Fell in der Nachmittagssonne trocknen. Allmählich wird es Abend. Die ersten Vögel verschwinden in ihre Schlafbäume und richten sich zur Nacht ein.
Joschi und das Shetty wandern zurück zu der Lichtung, auf der sich nun auch die Wildpferdherde wieder versammelt hat. Die Jungtiere liegen bereits ausgestreckt im Gras, die Alten kraulen sich das Fell und knabbern gegenseitig ihre Mähnen. Das kleine Fohlen schläft bereits tief und fest an seine Mutter gedrückt.

Nun muss sich auch das Shetty auf den Heimweg machen.
Joschi und das Shetty schubbern sich zum Abschied ein letztes Mal.
Joschi begleitet das Shetty noch bis zum Waldrand.
Die zwei reiben ihre Mäuler innig aneinander.
Dann trabt das Shetty nach Hause zum Bauernhof.

Bevor es zurück auf die Wiese läuft, schaut es sich noch einmal nach seinem neuen Freund um. In diesem Augenblick kommt der volle Mond hinter einer Wolke hervor und hüllt das Wildpferd Joschi in ein sanftes Licht. Das war ein wunderbarer Tag bei den Wildpferden!

Wildpferde – hast du das gewusst?

Wildpferde leben bei Wind und Wetter in der Natur, unter freiem Himmel. Deshalb stehen sie immer in einer kleinen Herde zusammen und passen aufeinander auf. Nachts schlafen sie im Stehen, damit sie schnell weglaufen können, wenn sich ein Feind nähert. Und immer hält eines der Tiere Wache, sie schlafen also nur abwechselnd.

Wildpferde werden nicht gefüttert. Deshalb sind sie den ganzen Tag auf Futtersuche. Sie lieben besonders Kräuter und Gras und kauen Rinden. Auch Obst mögen sie gerne. Sie fressen viele kleine Portionen und sammeln keine Vorräte an.

Anders als Stallpferde bürstet die Wildpferde niemand. Deshalb knabbern sie sich gegenseitig das Fell und die Mähne. Sind sie mal richtig schmutzig, wälzen sie sich im Gras und schubbern sich den Rücken. So halten sie sich perfekt sauber.

Wildpferde müssen auch nicht zum Hufschmied. Weil sie den ganzen Tag unterwegs sind, schmirgeln sich ihre Hufe ganz von selbst glatt. Das sieht richtig ordentlich aus!

Wildpferde sind pfiffige Tiere und meistens sehr entspannt. Aber wenn jemand ihre Fohlen erschreckt, können sie richtig sauer werden. Dann stoßen sie tiefe Töne aus, um den Angreifer zu vertreiben.

Aber wenn Wildpferde Luft durch die Nase pusten oder sich sogar gegenseitig anblasen, dann mögen sie sich richtig gerne – das ist dann fast wie ein Kuss.

3

Max räumt auf

Max möchte ein knallbuntes Bild malen. Aber er findet seine Wasserfarben nicht. Am Platz der Wasserfarben liegt kein Wasserfarbkasten, sondern Kuschel, sein liebstes Kuscheltier. Im Spielzeugschrank findet Max die Wasserfarben auch nicht.

Am besten räum ich alles aus, dann müssen sie ja rauskommen, denkt Max. Er schüttet die Autos aus der Autokiste auf den Teppich. Da tauchen jede Menge Autos auf und ein Tennisball. Aber keine Wasserfarben. Er leert auch die Bausteinkiste aus. Darin sind Bausteine, eine Socke, ein Ticket für die Seilbahn und eine Flöte. Aber die Wasserfarben sind verschwunden.

Max läuft zu Mama und Papa. Sie sind
im Keller und versuchen, das Gerümpel aufzuräumen.
„Meine Wasserfarben sind weg!“, sagt Max.
Seine Mutter schiebt eine Kiste ins Regal. „Dann musst du sie suchen.“
„Hab ich schon gemacht!“, sagt Max.
„Auch im Spielzeugschrank?“, fragt Papa.
„Da ganz besonders“, sagt Max.
„Dann male doch mit Buntstiften“, schlägt Mama vor.

Aber Max will ein knallbuntes Bild mit dem Pinsel malen. Und dafür braucht er die Wasserfarben. Endlich kommt Papa aus dem Kellergerümpel geklettert. „Ich helf dir suchen“, sagt er.

„Oh, nein! Hast du etwa Schatzinsel gespielt?“, fragt Papa, als er in Max’ Zimmer kommt. Wenn Max „Schatzinsel“ spielt, schmeißt er alle Spielsachen auf einen großen Berg. Der ist dann die Insel voller Schätze. „Du musst dringend aufräumen, Max“, sagt Papa. „Dann kommt der Farbkasten bestimmt irgendwo raus.“

„Och nö“, murmelt Max. Er wollte doch ein Bild malen und nicht aufräumen. Mama und Papa räumen doch schon auf. Reicht das nicht?
„Ich helfe dir auch“, verspricht Papa. „Aber erst nach dem Mittagessen.“
„Gut, dann helfe ich dir, falls du im Keller ‚Schatzinsel‘ spielen willst“, sagt Max.

Nach dem Mittagessen räumen Max und Felix mit ihren Eltern den Tisch ab. „Wozu muss man eigentlich immer alles wegräumen?", fragt Max. „Die Teller könnten wir doch auch fürs Abendessen stehen lassen. Das wäre viel praktischer." Mama schüttelt den Kopf: „Erstens wäre das nicht praktisch, sondern eklig, weil der Teller noch voller Soße ist. Und zweitens finden wir die Teller und Gläser schneller, wenn wir wissen, wo sie sind. Dafür müssen wir sie eben in den Schrank räumen und vorher natürlich abspülen."

Kurz darauf kommt Pauline, die allerbeste Freundin von Max, zu Besuch. Aber zum Spielen haben sie keinen Platz. Max muss ja erst aufräumen.
„Macht nichts", sagt Pauline fröhlich. „Dann spielen wir eben ‚Aufräumen'. Kennst du ‚Blitzaufräumen'?"
„Nein, wie geht das denn?", fragt Max.
„Wir nehmen den ganzen Schatzinselberg und stopfen ihn in den Schrank!"
Die Idee findet Max super. Schon nach fünf Minuten sind Max und Pauline fast fertig. Ein paar Sachen passen leider nicht mehr in den Schrank.

„Ich brauche einen zweiten Schrank“, sagt Max zu Mama, die Sachen aus dem Keller in die Garage räumt.
„Wozu das denn?“, fragt Mama.
„Wir haben aufgeräumt und jetzt ist der Schrank voll“, erklärt Pauline. „Der Rest passt nicht mehr rein.“

Mama kommt mit in Max' Zimmer.
Sie will sich diesen merkwürdigen
Schrank mal ansehen.
Sie öffnet die Türen und …

… der ganze Schatzinselberg purzelt ihr entgegen.
„Max, so geht das nicht!“, sagt Mama. „Aufräumen heißt, dass man die Sachen an ihren Platz räumt. Du musst erst mal sortieren. Und dann räumst du jedes Teil dorthin, wo es hingehört.“
„Okay“, sagt Max.
„Okay“, sagt auch Pauline. „Dann spielen wir erst mal ‚Sortieren‘.“

„Wir sortieren alles nach Farben“, schlägt Pauline vor. „Ich nehme die blauen Sachen.“

„Und hier kommen die roten hin“, sagt Max und legt ein Feuerwehrauto neben die roten Bausteine.

Auch die gelben, orangen, grünen, schwarzen und weißen Sachen legen Max und Pauline auf kleine Hügel. „Was machen wir mit den knallbunten Socken?“, fragt Max. „Und wo kommen die ekligen Reste von der Knete hin?“ Pauline weiß auch nicht weiter. „Außerdem ist das Mist, wenn ich mich anziehen will und erst überlegen muss, welche Farbe meine Socken oder Unterhosen haben.“

Max und Pauline sehen sich ihre Farb-Hügel an. Schön sortiert sieht es jetzt aus. Aber richtig praktisch zum Sachenfinden ist es nicht. Und der Wasserfarbkasten ist auch nicht aufgetaucht.

Endlich hat Papa Zeit zum Helfen.
„Ich glaube, wir brauchen vier Haufen", schlägt Papa vor. „Der erste ist für Müll. Da kommen die Sachen hin, die du wegschmeißen willst."
„Ich schmeiß doch nicht meine Spielsachen weg!", ruft Max sofort.
„Natürlich nicht", sagt Papa. Er hält Max die ekligen Knete-Reste hin.
„Aber so was – brauchst du das noch?"

Max schüttelt den Kopf. Die Knete ist so alt und bröselig, die kann er echt nicht mehr gebrauchen. Und auch die Schnipsel vom Basteln können weg.
„Der zweite Haufen ist der Verschenk-Berg“, sagt Papa. „Darauf kommen die Sachen, die du verschenken willst, weil du sie nicht mehr brauchst.“
Auf den ersten Blick fällt Max da nichts ein.
Aber dann entdeckt Pauline die alte Babyrassel.
„Die können wir Baby Matti schenken“, sagt Max.

„Der dritte Haufen kommt in diesen Karton: Das ist die Schatzkiste!“, sagt Papa. „Da kommt das Zeug rein, mit dem du nicht spielst, das aber kein Müll ist und das du auch nicht weitergeben willst.“

„Das Ticket von der Seilbahnfahrt“, sagt Max und legt es in den Karton.

„Und wo kommt die Schatzkiste nachher hin?“, fragt Pauline. „Vergraben wir die im Garten, wie echte Piraten?“

Max nickt. „Sicher ist sicher. Dann findet sie keiner mehr!“

Papa lacht. „Ich glaube, es reicht, wenn wir die auf dem Dachboden verstecken, oder?“

Das ist eine gute Idee, denkt Max. Denn auf dem Dachboden findet auch keiner was.

Den restlichen Kram braucht Max echt noch, zum Spielen, Basteln und Anziehen. Jetzt passt auch alles in die Kisten und Fächer. Ganz unten in der Kuscheltierkiste entdeckt Max schließlich etwas: „Juhu! Da ist ja der Wasserfarbkasten!“

Endlich ist das ganze Zimmer von Max aufgeräumt.
„Und was spielen wir jetzt?", fragt Pauline. „Vielleicht Schatzinsel?"
Aber Max schüttelt den Kopf. „Lieber nicht. Jetzt haben wir endlich Platz zum Malen."
Er holt Wasser und Mama kommt sogar mit einem extragroßen Papier.

„Das ist eine alte Tapete, die hab ich beim Aufräumen in der Garage gefunden“, sagt Mama. „Könnt ihr die gebrauchen?“

„Na klar!“, ruft Max. Er und Pauline wissen schon genau, was sie darauf malen. Ein richtig großes und knallbuntes …

… Schatzinselbild.

4

MIT DEN
WIKINGERN
AUF HOHER SEE

Sven und Liv wohnen in diesem Wikingerdorf an einem Fjord. Hier fließt das Meer zwischen hohen Bergen weit ins Land hinein. Ganz am Ende kann man geschützt und sicher an einem natürlichen Hafen leben.

Heute findet in Svens und Livs Haus eine Beratung statt. Auch die Familie ihres Freundes Finn ist dabei. Alle sprechen darüber, was sie machen sollen. Nach dem langen Winter haben sie nicht mehr genug Brot zu essen. Nächstes Jahr wird es genauso sein, denn ihre Felder sind inzwischen zu klein. Es leben einfach zu viele Menschen im Dorf.

„Lasst uns auch Schiffe bauen und zur großen Insel segeln!“, ruft Björn, der Vater der Kinder. „Leif Eriksson hat uns doch so viel davon erzählt! Einige von uns sind ja schon mit ihm gefahren. Dort gibt es genug Land für alle.“

Sven, Liv und Finn sind sehr gespannt.
Sie würden gern mit einem Drachenschiff
übers Meer fahren!
Was für ein Abenteuer!

Svens und Livs Familie will die Reise wagen. Zu einer Familie gehören viele Menschen: Eltern und Großeltern, Brüder und Schwestern, Onkel und Tanten, Nichten und Neffen. Auch Finns große Familie und noch drei andere haben sich für die Reise entschieden. Jede Familie baut ein eigenes Schiff. Den ganzen Frühling brauchen sie dafür.

Sie fällen Bäume, sägen Planken aus den Stämmen und nageln die Planken geschickt übereinander, damit das Schiff stabil und wasserdicht ist. Sie vergessen auch den Mast und die Ruderbänke nicht. Sven, Liv und Finn helfen mit, wo sie können. Sie bemalen die beiden Drachenköpfe und unterstützen ihre Mütter beim Färben der Segel.

Im Sommer sind alle fünf Schiffe fertig. Jetzt kann alles an Bord gebracht werden, was die Familien mitnehmen möchten. Sven wundert sich, wie viel in ihr Schiff hineinpasst!

Die Kuh, die beiden Schafe, die Felldecken, der Kochkessel und der Reibstein für Mehl, der Webrahmen, die Truhe mit der Kleidung und dem Schmuck der Familie. Und ganz zum Schluss der Käfig mit den beiden Raben Hugin und Munin.
„Komm ins Schiff, Sven!", ruft Liv. „Wir sind schon alle hier!"
Aber Sven holt erst noch sein Holzschwert und seinen Schild aus dem Haus. Onkel Snorre hat sie für ihn gemacht. Und auf dem Boden liegt eine Schachfigur! Natürlich nimmt er sie auch mit. Sein Vater Björn wäre sehr traurig, wenn sie fehlen würde.

Und dann geht es los! Bei strahlendem Sonnenschein fahren die Schiffe langsam aus dem Fjord hinaus aufs offene Meer. Sven und Liv winken Finn auf dem Schiff nebenan zu. Bald ist kein Land mehr zu sehen, nur noch Wasser und Wolken.
„Wie finden wir denn die große Insel in dem ganzen Wasser?“, fragt Liv ihren Vater.
„Ganz einfach!“, sagt Björn.
Er erklärt den Kindern seinen Sonnenkompass. Wo die Nadel den kürzesten Schatten wirft, ist Norden.
„Wir segeln nach Westen und das ist auch richtig so“, sagt er.

Plötzlich ruft Sven ganz aufgeregt: „Da sind Wale!“
Eine ganze Herde freundlicher Belugawale
schwimmt unter ihren Schiffen.
„Gut!“, nickt Björn. „Die Walherde ist
immer hier, hat Leif Eriksson gesagt.
Wir sind also auf dem richtigen Weg.“

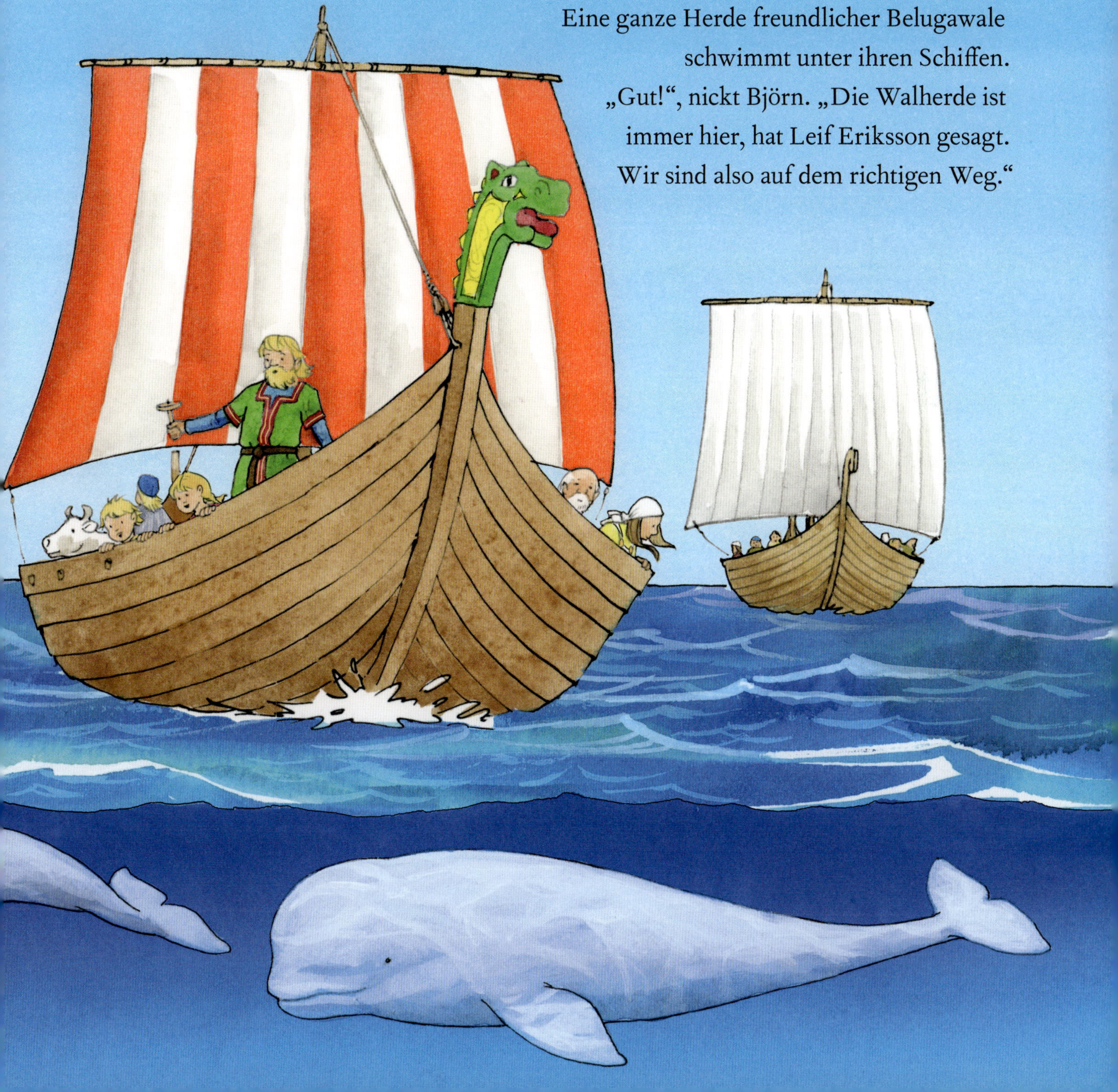

Viele Tage sind sie schon bei Sonnenschein unterwegs. Gestern Abend ist plötzlich ein Gewittersturm aufgezogen. Die Schiffe hüpften und tanzten auf den Wellen. Bis tief in die Nacht konnte niemand schlafen. Alle haben geholfen, Wasser aus dem Schiff zu schöpfen. Aber Wikinger sind sehr gute Seefahrer. Sie haben ihre Schiffe sicher durch den Sturm gelenkt.

Heute Morgen schrecken Sven und Liv aus dem Schlaf auf. Björn bläst kräftig in ein Horn. Davon werden alle wach. Von den anderen Schiffen kommt Antwort, sie sind also noch da. Man kann sie nämlich nicht sehen. Nach dem Sturm liegt dicker Morgennebel über dem Meer.

Erst mittags sieht man die Schiffe wieder.
„Eins, zwei, drei …“, zählt Sven.
Ein Schiff fehlt! Finns Schiff!
„Das finden wir schon wieder, keine Sorge!“,
sagt Björn.

Sven und Liv kommt die Reise endlos vor! Aber Björn hat die Tage gezählt, die sie nach Westen gesegelt sind. Deshalb vermutet er, dass die große Insel bald auftauchen müsste. „Sven, Liv! Bringt mir Hugin und Munin!“, ruft er.

Schnell holen die Kinder den Käfig mit den beiden Raben. Sie wissen, dass Wikinger Raben fliegen lassen, wenn sie glauben, dass sie ganz in der Nähe einer Küste sind. Kehren die Raben nach ein paar Stunden zurück, dann ist die Küste noch weit. Kommen sie nicht wieder, dann ist man bald da. Gespannt warten Sven und Liv auf die Raben, aber sie kommen nicht wieder. Die Küste muss ganz nah sein.

„Land! Da vorne!“, ruft Liv am nächsten Morgen aufgeregt. Langsam kommt die Küste näher. Sven und Liv sind sehr gespannt, ob sie hier endlich Finn wiederfinden. In einer Bucht sind Schiffe festgemacht. Aber Finns Schiff ist nicht dabei. Im Hafen fragt Björn einen Fischer, wo sie gelandet sind. Der Fischer heißt Knut und erzählt, dass die Insel Island heißt. Leif Eriksson war vor vielen Wochen da, ist aber weiter zu der noch größeren, saftig grünen Insel gefahren.

„Darum heißt sie Grönland“, sagt Knut. „Sie ist riesig. Aber warum wollt ihr das alles wissen? Die Leute gestern haben die gleichen Fragen gestellt! Heute Morgen sind sie weitergesegelt.“
Und als er die Leute beschreibt, sind Sven und Liv sehr froh.
Es ist Finns Familie!

Abends sitzt die Familie um ein gemütliches Feuer in Knuts Haus. Sie erzählen Geschichten und lachen viel. In der Wärme und Gemütlichkeit werden die Kinder schnell müde. Das Leben auf einem Wikingerschiff ist anstrengend! Sie kriechen unter Knuts Felldecken und sind bald fest eingeschlafen.

Am nächsten Morgen segeln alle weiter nach Grönland. Sie haben frisches Wasser und Vorräte von Knut bekommen. Die Reise dauert nur noch ein paar Tage. Auch Hugin und Munin sind wieder da. Die beiden Raben sind von ganz allein zu ihrem Käfig geflogen, Liv musste sie gar nicht rufen.

Auf See holt Björn wieder seinen Sonnenkompass heraus. Liv wirft einen Blick darauf. „Da ist der kurze Schatten. Da ist Norden“, sagt sie. Björn lächelt. Er hat so eine kluge Tochter! Sven steht hinten im Schiff und hält das Ruder. Das ist nicht so einfach. Man darf nicht zappelig sein. Wenn man das Ruder nur ein klein wenig bewegt, dann fährt das Schiff in eine andere Richtung.

„Hugin und Munin brauchen wir gar nicht“, lacht Björn eines Morgens. Ein Vogel mit einem dicken roten Schnabel sitzt oben auf dem Drachenkopf und schaut neugierig zu ihnen herunter. Dann stürzt er sich plötzlich ins Wasser und kommt mit einem Fisch im Schnabel wieder heraus. Auf einmal ist auch die Küste zu sehen. Und noch mehr Papageitaucher und auch Eismöwen fliegen über das Schiff. Sie sind in Grönland!

„Hier sieht es ja aus wie zu Hause!“, sagt Sven. Sie fahren in einen langen Fjord hinein. An seinem Ende ist eine Wikingersiedlung und im Hafen liegen Schiffe. Eben ganz genau wie bei ihnen zu Hause.

„Da ist Finn!“, schreit Liv. Das stimmt. Finn hüpft im Hafen auf und ab und winkt mit beiden Armen. Er freut sich sehr, seine Freunde wiederzusehen. Alle helfen mit, die Schiffe auszuräumen und die Drachenköpfe abzunehmen.

Sven und Liv staunen, was man mit ihrem Schiff alles machen kann. Die Männer heben es aus dem Wasser und tragen es an Land. Dort drehen sie es um und schon hat man ein zwanzig Meter langes Dach über dem Kopf, bis man ein neues festes Haus gebaut hat. „Wir wohnen nun direkt neben euch!“, strahlt Finn.

Abends feiern alle ein großes Fest, weil die anstrengende Reise endlich vorbei ist. Das Fest dauert lange. Jetzt im Sommer wird es auch in Grönland nicht richtig dunkel. Die Sonne scheint sogar noch um Mitternacht! Trotzdem kriechen Sven und Liv irgendwann müde unter ihre Felldecken. Auch Finn geht zum Haus gleich nebenan. „Bis morgen!“, ruft er. „Schlaft gut!“

5

Mila findet eine neue Freundin

Mila geht in die Kita Purzelbaum. Sie ist schon bei den Großen in der roten Gruppe. Heute ist Montag, der Mitbringtag in der Kita. Mila hat ihr Lieblingskuscheltier Affi dabei, Mateo eine große Löwen-Spielfigur.
„Wollen wir Dschungel spielen?“, fragt Mila.
„Au ja!“, sagt Mateo.
Doch da ertönt der Gong zum Morgenkreis. Purzelrunde sagen die Kinder dazu.

Als alle Kinder auf ihren Kissen sitzen, sagt Laila, ihre Erzieherin: „Heute begrüßen wir ein neues Kind bei uns: Das ist Clara. Sie ist vor Kurzem mit ihrer Mama in unsere Stadt gezogen."
Sie singen ihr Guten-Morgen-Lied und dann darf jedes Kind zeigen, was es mitgebracht hat. Dunja ist traurig. Sie hat den Mitbringtag vergessen. Auch Clara hat nichts dabei.
„Ich wusste das nicht", sagt sie leise.
„Nächsten Montag ist wieder Mitbringtag", tröstet Laila sie. „Dann kannst du auch etwas von zu Hause mitbringen. Zum Beispiel ein Spielzeug, ein Kuscheltier oder ein Buch."
David, ihr Erzieher, liest ihnen noch eine Geschichte vor. Und zum Schluss rufen alle zusammen: „1, 2, 3 – die Purzelrunde ist vorbei!"

Endlich können Mila und Mateo mit dem Dschungelspiel loslegen. Dunja und Paul möchten auch mitspielen. David hilft ihnen, den Gruppenraum in einen wilden Regenwald zu verwandeln. Sie hängen grüne Tücher auf und basteln Lianen und lange Schlangen aus Papier.
Clara schaut ihnen eine Weile zu. „Machst du mit?“, fragt David sie. Aber Clara traut sich nicht. Sie bleibt lieber noch bei Laila und schaut sich Bücher mit ihr an.

In den nächsten Tagen sind immer mehr Purzelbaum-Kinder im Dschungelfieber. Der große Gruppenraum sieht bald wie ein richtiger Urwald aus.
David bastelt mit ihnen kleine Trommeln und einen Regenmacher aus Papprollen.

Laila baut im Toberaum einen tollen Dschungelparcours auf. Die Kinder sollen über umgefallene Baumstämme balancieren, schlammige Pfade überwinden, an Lianen über einen Sumpf schwingen und auf hohe Palmen klettern.

Am Freitag schminkt Laila die Kinder als Tiger, Löwen und Zebras. Mila möchte ein Tiger sein.
„Als was lässt du dich schminken?“, fragt sie Clara.
Aber Clara möchte nicht geschminkt werden. Sie hilft lieber David dabei, den Obstteller für den Imbiss zu richten. Es gibt Ananas, Bananen und sogar eine echte Kokosnuss!

Zu Hause ist Mila heute viel stiller als sonst.
Papa fragt: „Na, kleiner Tiger, bist du müde?“
Mila schüttelt nachdenklich den Kopf.
„Gab es Streit in der Kita?“, hakt Papa nach.
Mila schüttelt wieder den Kopf.
„Ach, Papa, ich bin einfach ein bisschen traurig“, sagt sie schließlich. „Clara ist ja neu bei uns und sie hat gar keine Freunde. Sie ist fast die ganze Zeit alleine und hat niemanden zum Spielen. Sie möchte aber auch fast nie mitmachen.“
Papa streicht Mila über den Kopf. „Das ist wirklich traurig für Clara. Vielleicht ist sie ein bisschen schüchtern, weil sie euch noch nicht so gut kennt. Weißt du, es fällt nicht jedem Kind leicht, auf andere zuzugehen.“

Am nächsten Montag nimmt Mila wieder ihren Affi mit zur Kita. Clara hat einen kleinen Arztkoffer dabei. Mateo und Dunja haben Autos mitgebracht. Nach der Purzelrunde möchten sie eine Rennstrecke und ein Parkhaus aufbauen. Clara geht mit ihrem Arztkoffer in die Kuschelecke.
Mila überlegt einen Moment. Da fällt ihr ein, was Papa gesagt hat. Auf andere zugehen. Das ist wirklich nicht immer leicht. Aber Mila traut sich. Sie geht zu Clara und fragt: „Willst du mit mir spielen?“

Clara schaut sie fröhlich an und nickt. „Ja! Und was?“
„Ich bin auf Safari“, schlägt Mila vor, „und finde einen kleinen Affen.“
„Ja, und der Affe hat sich verletzt“, sagt Clara. „Und ich bin die Tierärztin.“
„Ja“, nickt Mila, „und du machst dem Affen einen Verband …“
Und schon sind die beiden mitten im Spiel.

Viel zu schnell ist der Kita-Tag vorbei und Clara wird abgeholt.
„Tschüss, Mila, bis morgen“, ruft sie und Mila winkt fröhlich zurück.
Da kommt auch schon Papa.

„Weißt du, Papa“, sagt Mila auf dem Nachhauseweg. „Ich glaube, Clara und ich werden jetzt Freundinnen.“
„Ach, wie schön“, freut sich Papa. „Wie kommt denn das?“
„Ich habe sie gefragt, ob sie mit mir spielen will“, sagt Mila.
„Toll, dass du dich das getraut hast!“, findet Papa.
Mila nickt stolz. Und dann erzählt sie Papa, wie Clara und sie zusammen auf Safari waren und ein Affenkind gerettet haben.

Heute ist Ausflugstag in der Kita Purzelbaum.
Laila und David gehen mit den großen Kindern
in den Wald.
„Juhu!“, freut sich Mila. „Fast wie auf Safari.“
„Vielleicht finden wir echt ein verletztes Tier“, sagt Clara.
Mila nimmt Clara an die Hand.
„Willst du meine Freundin sein?“, flüstert sie ihr ins Ohr.
„Ja“, flüstert Clara zurück. „Und willst du meine Freundin sein?“
„Ja!“ Mila nickt und drückt Claras Hand ganz fest.

Seit Clara ihre Freundin ist, geht Mila noch lieber zur Kita Purzelbaum. Dort malen, basteln, bauen, toben, klettern und spielen sie fast immer zusammen. Manchmal verabreden sich Mila und Clara auch am Nachmittag oder am Wochenende. Dann hüpfen die beiden am liebsten auf dem Trampolin, bauen tolle Höhlen und erfinden neue Spiele und Geschichten.

Heute kommt Clara zu Besuch. Mila zieht sie gleich in ihr Zimmer.
„Komm schnell mit!“, sagt sie. „Ich habe eine Überraschung!“
Mila holt eine kleine Schatzkiste unter dem Bett hervor und darin liegen zwei Armbänder aus bunten Perlen und mit zwei roten Herzanhängern.
„Das sind Freundinnenarmbänder“, sagt Mila. „Eins für dich und eins für mich.“
„Jetzt sind wir für immer Freundinnen“, sagt Clara.

6

Die Baustellen-fahrzeuge

Elena und Henrik dürfen heute ihrer Tante bei der Arbeit zusehen. Claudia ist Bauingenieurin von Beruf. Sie baut aber keine Häuser, sondern Straßen und Brücken.

Henrik und Elena freuen sich riesig – vor allem auf die Bagger und Lastwagen. Denn große Baumaschinen wollen die beiden unbedingt mal aus der Nähe sehen.

„Für unsere Straße brauchen wir erst mal Platz“, erklärt Claudia. „Und den schaffe ich!“, sagt Franz, der Baggerführer. Franz fährt einen großen Kettenbagger. Mit dem Kettenantrieb kommt der Bagger auch durch holperiges Gelände. Die große Baggerschaufel kann Erde und Geröll abgraben. Die Erde, die Franz für die Straße wegbaggert, schaufelt er mit dem Bagger direkt auf einen Lastwagen, den Muldenkipper.

Der Muldenkipper fährt die Erde zu einer Halde.
Hier kippt Ute, die Fahrerin, die Kippmulde einfach aus.

„Ein fester Untergrund ist beim Straßenbau extrem wichtig. Schließlich soll die Straße ja halten, wenn später tonnenschwere Autos und Laster darüberrollen“, erklärt Claudia.

„Der härteste Untergrund ist Felsen. Wenn wir aber keinen Felsen als Untergrund haben, verdichten wir den Boden, sodass er schön fest wird.“
Zum Verdichten benutzen die Bauarbeiter die Straßenwalze. Die hat vorne eine schwere Walze aus Metall. Mit ihr wird der Boden platt gedrückt.
„Cool! So eine Maschine bräuchten wir in der Küche, wenn wir Pizzateig ausrollen!“, sagt Henrik.

ST NB 90

Auf den verdichteten Boden kippt ein Muldenkipper eine volle Ladung Schotter.
„Der Schotter dient als Schutz vor Wasser und Frost“, erklärt Claudia.
„Damit unser schöner Straßenbelag nicht von unten nass wird.
Sonst würde er im Winter, wenn das Wasser gefriert, aufplatzen.“
Den Schotter verteilt eine Planierraupe mit ihrem Schild gleichmäßig.

„Was ist das denn für ein verrücktes Auto?“, fragt Elena.
„Das ist ein Grader“, erklärt Claudia. „Mit der Schar, so heißt der Schild in der Mitte, kann er den feinen Schotter, den wir auf den groben Schotter einbringen, in der richtigen Höhe verteilen.“
Der Grader schiebt eine Schicht Schotter vor sich her.
Der überschüssige Schotter wird nicht abgefahren, sondern ein paar Meter weiter auf den Untergrund gekippt.
Dann kommt wieder der Grader und ebnet alles ein.

„Guck mal, die Maschine und der Laster küssen sich!“, ruft Elena. Claudia lacht. „Sieht echt so aus, oder? Das ist ein Asphaltfertiger.“ Ein Asphaltfertiger ist eine große Maschine, die den heißen Asphalt, den Straßenbelag, verteilt. Der heiße Asphalt wird von einem Muldenkipper vorne in den Asphaltfertiger eingebracht.

Der Asphaltfertiger legt diesen heißen Belag auf die Straße.
Hinter dem Asphaltfertiger fährt eine Walze alles platt.
„Das muss schnell gehen und es darf keine langen Pausen geben.
Sonst wird der Asphalt zu kalt und wir haben nachher holprige
Stöße in der Straße“, sagt Claudia.

Claudia fährt mit Elena und Henrik eine steile Schotterstrecke runter in ein Tal.
„Bohrt ihr hier etwa nach Öl?“, fragt Henrik. Er hat das große Drehbohrgerät sofort entdeckt.

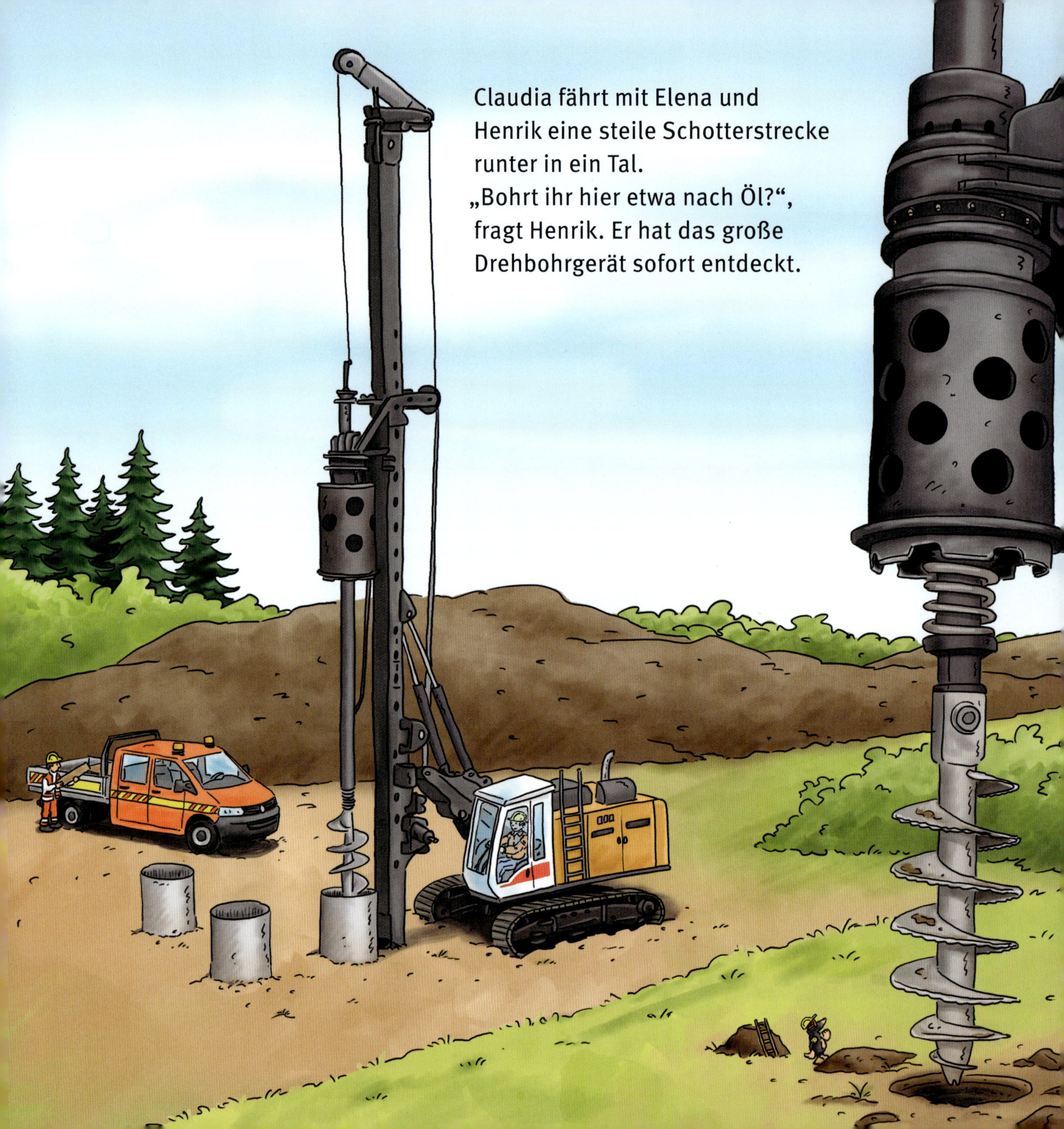

„Wir bohren. Aber nicht nach Öl. Mit dem Drehbohrgerät bohren wir Löcher in die Erde“, erklärt Claudia.

Das Drehbohrgerät hat einen Bohrkopf, der sich in die Erde schraubt. Immer wieder muss Boris, der das Gerät bedient, den Bohrer herausziehen, zur Seite schwenken und die herausgebohrte Erde abschlagen.

„Wieso bohrt ihr Löcher in die Erde? Ich dachte, du wolltest eine Brücke bauen!“, sagt Elena.

„Ich zeig's euch", sagt Claudia. „Da drüben kommt schon der Betonmischer."
Der Betonmischer hat eine große Trommel, die sich auch während der Fahrt dreht. So kommt der Beton schön gemischt und nicht zu trocken an der Baustelle an. Beton ist ein künstliches Gestein, das aus Zement, Sand und Wasser gemischt wird. Wenn der flüssige Beton trocknet, wird er steinhart.

Mit der Betonpumpe, die einen ausklappbaren Arm hat, pumpen die Bauarbeiter den Beton in die Bohrlöcher. „Das wird das Pfahlfundament für unsere Brückenpfeiler“, erklärt Claudia. „Auf diese Betonpfähle können wir die schweren Pfeiler stellen, ohne dass der Boden unter dem Gewicht der Brücke nachgibt.“

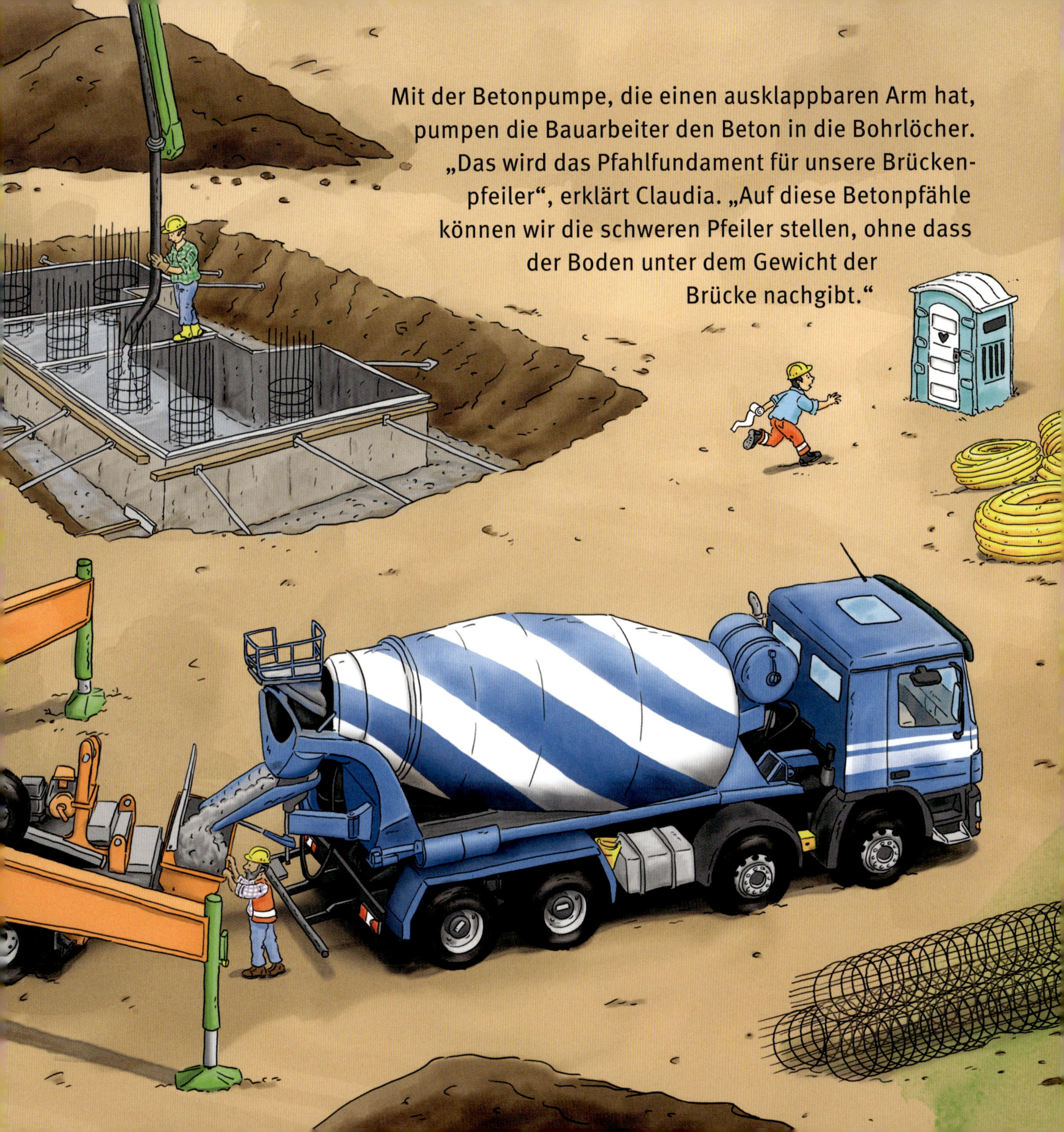

Beton wird zwar schön hart, aber er bricht leicht. Damit die Brücke nicht durchbricht, verbaut Claudia auch noch Stahlträger. Diese Brückenteile sind so groß und schwer, dass sie nicht auf einen normalen Lkw passen. Die bringt ein Schwertransporter. Der Schwertransporter ist länger und breiter als ein normaler Lkw. Damit die anderen Autofahrer nicht mit diesem großen Lastwagen zusammenstoßen, hat der Tieflader extra noch ein Begleitfahrzeug, das mit einem gelben Warnlicht auf dem Dach auf den Spezialtransporter aufmerksam macht. Solche Spezialtransporter dürfen nur zu bestimmten Zeiten und auf vorher festgelegten Strecken fahren.

KLAUS
W OW1

W°OW1

Um die großen Stahlträger vom Tieflader abzuladen, brauchen die Bauarbeiter einen Kran. Der Kranwagen, den Claudia bestellt hat, hat große Räder, mit denen er auch über unebenes Gelände fahren kann. Damit der Kran vom Gewicht der Stahlträger nicht umkippt, fährt Nele, die Kranführerin, extra Stützbeine an der Seite des Krans aus. Diese Abstützungen müssen sicher auf dem Boden stehen, bevor Nele mit dem Abladen der Stahlträger beginnen kann. Dann erst fährt sie den langen Arm des Krans aus.

Claudia hat noch eine Überraschung für Henrik und Elena. „He, die machen ja die Straße kaputt!“, sagt Henrik unterwegs. „Die machen nur kaputt, was eh nicht mehr zu retten war“, beruhigt Claudia. Die alte Straße wird die Anschlussstelle für die neu gebaute Strecke. Hier war nur die oberste Schicht der Straße kaputt.

Mit der Asphaltfräse wird diese Schicht abgetragen. Später kommt dann der Asphaltleger, um eine neue Asphaltdecke einzubauen. „Und das soll eine Überraschung sein?“, fragt Elena. Sie ist ein bisschen enttäuscht. Aber Claudia lächelt verschmitzt und fährt noch ein Stückchen weiter bis zum …

... Bauwagen. Da sitzt Franz. Er hat ein kleines Picknick mit Kakao und Kuchen für Elena und Henrik vorbereitet.

„Diese Baumaschinen sind klasse“, findet Henrik.

„Und im Bauwagen ist es richtig gemütlich!“, sagt Elena.

7

Conni backt Pfannkuchen

Gerade erzählt Connis Freund Simon von dem tollen Geburtstagsfest bei seiner Oma. Da fällt Conni ein, dass ihre Mama am Sonntag auch Geburtstag hat. Und Conni hat noch gar kein Geschenk.
„Mal doch was“, schlägt Simon vor.

„Och nö“, winkt Conni ab. Das hat sie schon so oft gemacht. Da fällt ihr Blick auf Simons Kinderkochbuch. Das ist es! „Ich werde für sie kochen!“, ruft Conni. „Zusammen mit dir. Und zwar Spaghetti!“ Das ist nämlich Connis Lieblingsessen. Allerdings verzieht Mama immer ihr Gesicht so komisch, wenn Conni wieder mal Spaghetti will. Vielleicht kochen sie doch lieber etwas anderes? Gemeinsam sehen sie das große Kochbuch durch.

Endlich entscheiden sich
die beiden für Pfannkuchen.
Das Rezept ist ganz einfach.
Sie brauchen nur Eier, Mehl,
Milch und etwas Salz.
„Und dazu gibt es Obstsalat!“,
ruft Conni. Das ist gesund,
wie Mama es gerne mag. Und
lecker! Conni läuft schon das
Wasser im Mund zusammen.
„Oder Schokocreme!“, ergänzt
Simon.

„Blaubeeren und Sahne“, sagt Conni. Immer verrücktere Sachen fallen ihnen ein, die sie auf die Pfannkuchen geben können: Sirup, Quark, Apfelmus, Speck, Tomaten. Oder Marmelade und Salami. Vielleicht sogar Spaghetti? Conni und Simon lachen sich kringelig. Auf jeden Fall wollen sie ganz, ganz viele Pfannkuchen backen.

Zu Hause guckt Conni gleich nach, ob alle Zutaten da sind. Mehl, Milch und Salz findet sie, aber Obst und Eier fehlen. Conni leert ihr Sparschwein. Ob das für einen Einkauf reicht? Conni fragt lieber Papa und flüstert lange mit ihm im Garten.

Am Samstagmorgen gehen Conni, Papa und Simon zum nahen Supermarkt. Conni und Simon wiegen verschiedene Früchte und ein paar Tomaten ab und legen auch ein Glas Schokocreme in den Einkaufswagen. Dazu packen sie Puderzucker, Streusel, Sprühsahne und einiges mehr. Conni legt alles auf das Laufband an der Kasse und bezahlt zusammen mit Papa. Damit Mama nichts mitbekommt, verstecken sie alle Einkäufe in einem Karton im Keller.

Heute ist Mamas Geburtstag. Papa schenkt ihr zwei Karten für einen Film, den Mama schon lange mit einer Freundin sehen wollte.
Kaum ist Mama aus dem Haus, klingelt Simon an der Tür. Die Kinder schneiden zuerst das Obst für den Obstsalat. Bei den Bananen geht es ganz leicht, aber die kleinen Pflaumen rutschen immer weg. Orangen zu schälen, ist auch nicht so leicht. Doch bei den Birnen muss Papa wirklich helfen. Das klein geschnittene Obst kommt in eine große Schale.
Jetzt fehlen noch Honig und Zitronensaft.

Simon zeigt Conni, wie eine Zitrone auf der Zitronenpresse ausgedrückt wird, bis der Saft herausfließt. „Gieß aber nicht zu viel davon auf das Obst“, warnt er. Zitronensaft ist nämlich sehr sauer. Das merkt auch Jakob, als er davon kostet. Er verzieht sein Gesicht so komisch, dass Conni laut loslachen muss. Sauer macht eben lustig.

Nun geht es endlich an den Pfannkuchenteig. Conni schlägt die Eier an der Schüsselkante auf. Das hat Mama ihr mal beim Keksebacken gezeigt. Es läuft nur ganz wenig daneben. Aber zwei Mal muss Conni Eierschale aus dem Teig angeln. Conni verrührt die Eier und Simon gibt für jedes Ei zwei Esslöffel Mehl dazu und vier Esslöffel Milch. Dabei tropft etwas auf den Küchenboden. Kater Mau freut sich und leckt die Milch schnell auf. Zuletzt kommen noch ein paar Prisen Salz in den Teig. Eine Prise ist so viel, wie man zwischen Daumen und Zeigefinger halten kann, erklärt Simon.

Conni rührt den Teig mit dem Schneebesen durch. Die kleinen Mehlklümpchen wollen aber gar nicht weggehen. Auch Simon kann es nicht besser.
Papa schließt den Handmixer an. Conni drückt auf den Einschaltknopf und hält die Mixstäbe in den Teig. Schon fliegt der Teig in der Küche herum.
Erschrocken macht Conni den Mixer aus. Das wollte sie nicht! Papa auch nicht!
Er gießt den Teig in die ganz hohe Rührschüssel und stellt sie in die Spüle.

Conni soll erst die Mixstäbe in den Teig halten und dann den Mixer auf der niedrigsten Stufe anschalten. Jetzt geht es gut und bald haben sie einen schönen glatten Teig.

Beim Braten der Pfannkuchen hilft Papa. Conni holt die beschichtete Pfanne und gießt etwas Bratöl hinein. Papa lässt es heiß werden. Conni gibt eine Kelle voll Teig dazu. Der wird schnell fest und braun an den Rändern. Es duftet schon lecker. Jetzt muss der Pfannkuchen gewendet werden. Im Fernsehen werfen sie den Pfannkuchen dazu hoch in die Luft. Papa versucht das auch. Doch bei ihm bleibt er in der Pfanne kleben. „Am Pfannenstiel rütteln", sagt Simon. „Mehr Schwung", ruft Conni.

Jetzt fliegt der Pfannkuchen hoch. Er dreht sich und landet … Nein, natürlich nicht in der Pfanne, sondern auf dem Fußboden. Genau vor der Nase von Kater Mau. Der zuckt erst erschrocken zurück, dann kostet er vorsichtig. Hm, lecker. Jakob lässt sich auf den Po fallen und will auch probieren. Aber Papa ist schneller und wirft den Pfannkuchen in den Müll. Mau maunzt empört und Jakob ruft: „Haben!"
Conni gibt ihm ein Stück Banane.

Den nächsten Pfannkuchen dreht Papa lieber mit dem Pfannenwender um. Das klappt besser. Immer abwechselnd füllen Conni und Simon Teig in die Pfanne. Bald stapeln sich viele goldbraune Pfannkuchen auf einem Teller im Backofen. Da sind sie sicher vor Mau und Jakob und bleiben schön warm. Conni und Simon können es aber auch kaum erwarten, dass Mama kommt und das Essen losgehen kann. Sie decken den Tisch mit Geschirr und all den Leckereien, mit denen die Pfannkuchen belegt werden können.

Endlich dreht sich Mamas Schlüssel in der Haustür. Sie schnuppert und ist ganz überrascht, als sie den gedeckten Tisch sieht. Stolz tragen Conni und Simon einen Teller mit einem riesigen Pfannkuchenstapel und den Obstsalat herein.

Das wird ein lustiges Essen! Mama kostet zuerst einen Pfannkuchen mit Obstsalat. Der ist so lecker, dass sie gleich noch einen zweiten isst. Jakob stopft sich mit beiden Händen Pfannkuchenstücke in den Mund. Simon schneidet seinen in zwei Hälften. Eine bestreicht er mit Schokocreme und rollt sie zusammen. Die Rolle schneidet er in Streifen und hat nun Kringelschnecken. Jeder darf sich eine nehmen. Hm, schmeckt das gut. Conni teilt ihren Pfannkuchen in vier Teile und belegt sie alle anders: mit Marmelade und Streuseln, mit Obstsalat, mit Apfelmus und mit Quark. Alles ist lecker.

Am besten schmeckt ihr aber der zusammengeklappte Pfannkuchen mit Blaubeeren und Sahne, den sie danach isst. Es macht auch gar nichts, dass alle lachen, weil jetzt rund um ihren Mund alles blau und sahnig ist. Simon hat auch einen Schokocremeschnurrbart und sogar Mama hat bald einen Blaubeermund.

Papa mag seine Pfannkuchen lieber nicht so süß. Er legt Salami, gebratenen Speck, Tomatenscheiben und etwas Käse darauf. Das schmeckt fast wie Pizza, findet Conni. Sie verteilt Marmelade und Salami auf einem Pfannkuchenstück, doch zusammen schmeckt es gar nicht. Igitt, das kann sie nicht aufessen! Aber Conni ist sowieso pappsatt. Die anderen auch. Nur Mau hat noch Hunger und bekommt ein Katzenleckerli.

Mama will den Tisch abräumen. Doch Conni, Simon und Papa tragen lieber alles selbst in die Küche. Sonst bekommt Mama noch einen Schreck, weil es da so schlimm aussieht. Sogar Jakob hilft mit. Conni und Simon stellen das Geschirr in die Spülmaschine. Papa putzt die Teigspritzer vom Küchenschrank. Bald ist alles wieder sauber. Nur an Connis Mund klebt noch Blaubeersaft.

Mama bedankt sich bei Conni mit einem dicken Blaubeerkuss für das schöne Geburtstagsessen und schickt alle erst mal zum Waschen ins Badezimmer. Dann kuscheln sie sich zusammen auf das Sofa und Mama liest das Märchen vom dicken fetten Pfannekuchen vor, der kantapper, kantapper in den Wald hineinlief.

Pfannkuchen backen ist gar nicht schwer!
Möchtest du es auch einmal versuchen?
Dann probiere Connis leckeres Rezept aus.

Für 1 Pfannkuchen:

1 Ei aufschlagen und mit
4 Esslöffel Milch (oder 2 EL Milch,
2 EL Mineralwasser) verrühren
2 Esslöffel Mehl
1 Prise Salz hinzufügen
und mit Schneebesen oder Mixer zu einem glatten Teig verrühren.
Etwas Bratöl in der Pfanne heiß werden lassen, den Teig dazugeben (bei mehreren Pfannkuchen je eine Schöpfkelle voll), in der Pfanne verteilen und den Pfannkuchen von beiden Seiten goldbraun braten.
Fertige Pfannkuchen gleich essen oder bei etwa 80 Grad im Backofen warm halten.
Die Pfannkuchen beliebig süß oder herzhaft belegen, aufrollen, zusammenklappen oder einfach so essen.

Tipp: Mit weniger Mehl und mehr Milch werden die Pfannkuchen dünner und weicher. Probiere aus, wie du sie am liebsten magst.

Obstsalat für 4 Personen:

2 Bananen
2 Birnen
1 Orange
schälen, klein schneiden
und in eine Schüssel geben.
6–8 Pflaumen waschen, entkernen,
klein schneiden und hinzufügen.
1–2 Esslöffel Honig mit
1–2 Esslöffel Zitronensaft mischen
und mit dem Obst verrühren.

Du kannst auch Rosinen, gehackte Nüsse, Schokostreusel, Joghurt, Quark oder Sahne dazugeben. Die Früchte kannst du nach Geschmack oder Jahreszeit austauschen.

8

Ich hab eine Freundin, die ist

Lehrerin

Heute ist Montag und ich gehe in die Schule. Eigentlich bin ich noch im Kindergarten, aber bald komme ich in die erste Klasse. Und weil ich mich schon so darauf freue, darf ich heute meine Freundin Constanze zur Schule begleiten. Sie ist Lehrerin und wohnt auch in unserem Haus. „Da sind wir“, sagt Constanze, als wir bei der Grundschule ankommen. „Bevor wir in mein Klassenzimmer gehen, muss ich aber noch in den Teamraum der Lehrkräfte.“

Grundschule am Wald
A B C D E F
G H
K

Im Teamraum begrüßt Constanze ihre Kolleginnen und Kollegen. Alle sind eifrig dabei, letzte Vorbereitungen für ihren Unterricht zu treffen.

Sie machen Kopien, legen Materialien bereit und holen die Hefte heraus, die sie am Wochenende durchgesehen haben. „Gleich beginnt die erste Stunde“, sagt Constanze. „Jetzt gehen wir in meine Klasse, die 2A.“

Guten
Morgen!
MONTAG
8.
JUNI

„Guten Morgen“, sagt Constanze, als wir das Klassenzimmer betreten. „Heute habe ich einen Gast dabei: Das ist Jona und er möchte gerne alles über die Schule wissen.“
„Guuuten Mooorgen“, rufen alle Kinder.
Das Klassenzimmer sieht sehr schön aus. Constanze hat es zusammen mit ihren Schülerinnen und Schülern eingerichtet. Es gibt eine Lese-Ecke, einen Experimentiertisch und sogar einen Globus.
In der ersten Stunde setzen sich alle zum Erzählkreis auf den Boden und berichten, was sie am Wochenende gemacht haben.
„Das machen wir immer am Montag“, sagt Constanze.
Das ist eigentlich wie im Kindergarten, finde ich.

Nach dem Erzählkreis ist Mathe dran. Alle Kinder setzen sich auf ihre Plätze. Ich darf neben einem Mädchen sitzen, das Lene heißt.
Constanze schreibt einige Zahlen an die Tafel. „Welche Zahl ist größer?“, fragt sie dann. „68 oder 24?“ Hui, das ist schwierig. Ich kann nämlich erst bis 10 zählen. Lene meldet sich: „68 ist größer.“

Sie darf nach vorne kommen und das richtige Krokodilschild an die Tafel hängen. „Achtung, das Krokodil hat großen Hunger“, hilft ihr Constanze. „Es möchte immer die größere Zahl fressen.“

Hals
Korpus

Nach der Mathestunde ist eine kurze Pause. Dann steht Musik auf dem Stundenplan. Dafür gehen wir in den Musikraum, in dem es viele Instrumente gibt. Heute übt Constanze mit ihrer Klasse ein Lied für ein Theaterstück, das sie beim Schulfest aufführen wollen. Jedes Kind darf sich ein Instrument aussuchen. Constanze spielt Cello. Sie hat schon als Kind damit angefangen und kann es jetzt richtig gut. So toll möchte ich auch mal ein Instrument spielen können. Am liebsten Gitarre! Aber heute nehme ich mir die große Trommel.

Endlich ist Hofpause! Alle rennen auf den Schulhof. Constanze hat heute Pausenaufsicht und passt auf, dass kein Unsinn gemacht wird. Wenn es Streit gibt, sollen die Kinder erst mal versuchen, das selbst untereinander zu regeln. Dafür gibt es sogenannte Streitschlichtende unter den Schulkindern. Ich spiele mit zwei Kindern Tischtennis. Da läutet die Schulglocke und die Pause ist zu Ende.

Nach der Hofpause gehen wir in den Werkraum.
„Letzte Woche haben wir angefangen, Masken für unsere Aufführung beim Schulfest zu basteln“, sagt Constanze. „Die wollen wir heute fertig machen.“
Ich darf mir eine Monstermaske zum Bemalen aussuchen, damit ich auch mitmachen kann. Das macht Spaß!
Die Kunststunde ist viel zu schnell vorbei. Schon klingelt es zu einer kleinen Pause und wir gehen zurück ins Klassenzimmer.

PAPP-
TELLER
Hanna
LEON
Ida
Milo
Sofie
Max
Vor dem Unterricht:
Hände waschen
LEIM

Wer? Was?
Wann? Wo?
Kommt alle zum großen Fest
Ein toller Tag
Liebe Mama.

Jetzt hat die 2A Deutschunterricht.
„Heute fangen wir mit den Einladungen und Plakaten für unser Schulfest an", sagt Constanze. „Überlegt erst mal in Gruppen, was in der Einladung stehen sollte."
Die Kinder schieben ihre Tische zusammen und legen los. Ich darf mitmachen. Constanze geht von Gruppe zu Gruppe und beantwortet Fragen.

„Jetzt gibt es Mittagessen“, sagt Constanze. In der Schulmensa stelle ich mich mit den anderen Kindern an der Essensausgabe an. Wir dürfen uns von drei Gerichten eins aussuchen. Ich habe Glück: Heute gibt es mein Lieblingsessen. Nudeln mit Tomatensoße!

Constanze muss zu einer Konferenz. Das ist ein Treffen mit allen Lehrkräften und der Schulleitung, bei dem über Dinge im Schulalltag gesprochen wird. Heute geht es um die Organisation des Schulfestes. Deswegen kann Constanze leider nicht mitessen. Inzwischen kenne ich die Kinder aus der 2A aber so gut, dass mir das nichts ausmacht.

Nach der Mittagspause hat die Klasse 2A Sport. Dafür baut Constanze einen Dschungelpfad auf. Zuerst sollen wir wie Tiger rennen und wie Schlangen über den Boden kriechen. Danach klettern wir wie Affen und schwingen an Lianen.

Als Grundschullehrerin muss Constanze fast alle Fächer unterrichten und viele verschiedene Sachen können und wissen. Deshalb musste sie für den Beruf auch lange studieren. Mein Papa rechnet im Büro immer nur Zahlen zusammen, sagt er. Das ist bestimmt viel langweiliger.

Nach dem Turnen ist der Schultag für die Kinder zu Ende. Constanze muss am Nachmittag und Abend noch Aufgaben korrigieren, den Unterricht für morgen vorbereiten und E-Mails an Eltern schreiben. Bevor ich nach Hause gehe, zeigt sie mir ihr Arbeitszimmer.

„Ich muss bald auch den Klassenausflug planen", sagt Constanze. „Du kannst ja mal überlegen, wohin es gehen könnte. Vielleicht kannst du uns begleiten."

Au ja! Das möchte ich gerne.

Urkunde für die beste Lehrerin
FENSTER ZU!
KATZE
Tolle Bilder

Zu Hause bringe ich meinen Kuscheltieren alles bei, was ich heute gelernt habe. Und ich habe eine tolle Idee für den Ausflug: eine Fahrt in den Wildpark. Das fände meine Kuscheltier-Klasse auf jeden Fall super!
Später möchte ich auch mal Lehrer werden. Dann kann ich immer zur Schule gehen!

Sonderausgabe im Sammelband

ISBN: 978-3-551-68121-8
Umschlagkonzeption der Reihe: Gunta Lauck
Illustration der Lesemaus:
Hildegard Müller, Dorothea Tust, Karin Kröll, Steffen Meier
Umschlagillustration: Lena Heger
Lesemaus-Redaktion: Anja Kunle
Lithografie: ReproTechnik Fromme, Hamburg

Wir produzieren nachhaltig
• Klimaneutrales Produkt
• Papiere aus nachhaltigen und kontrollierten Quellen
• Hergestellt in Europa

FSC www.fsc.org
MIX
Papier | Fördert gute Waldnutzung
FSC® C018236

Alle Bücher im Internet: www.lesemaus.de
Newsletter mit tollen Lesetipps kostenlos per E-Mail:
www.carlsen.de

VORLESEN LEICHT GEMACHT

Liebe Eltern,
Vorlesen macht allen Spaß: Ihrem Kind beim Zuhören und Ihnen beim Vorlesen.

Einfach anfangen!

Vorlesen braucht keinen großen Zeitaufwand und kann gut in den Familienalltag eingebaut werden. Schon 5 Minuten täglich reichen, um Ihr Kind in seiner Entwicklung zu unterstützen.

Vorlesen geht auch zwischendurch

Egal ob Sie gerade an der Bushaltestelle stehen oder die Zeit überbrücken, bis das Essen fertig ist: Ein paar Minuten gemeinsam in eine Geschichte abtauchen geht immer.

Sprechen Sie über die Geschichte

Wenn Ihr Kind Sie beim Vorlesen unterbricht, ist das nicht schlimm. Es ist wichtig, über das Gehörte zu sprechen. Sie können auch gezielt Fragen stellen: Hast du auch schon mal so was erlebt? Hat dir die Geschichte gefallen?

Die Wahl der richtigen Geschichte

Die passenden Geschichten für Ihr Kind sind die, die es interessieren. Lassen Sie Ihr Kind gerne selbst aussuchen, was Sie vorlesen sollen.

Viel Spaß beim gemeinsamen Lesen wünschen die Lesemaus und die Stiftung Lesen

Stiftung **Lesen**